LA

VENTE DU MOBILIER

DU

CHATEAU DE VERSAILLES

PENDANT LA TERREUR

LA
VENTE DU MOBILIER

DU

CHATEAU DE VERSAILLES

PENDANT LA TERREUR

Documents inédits

PAR

LE BARON CH. DAVILLIER

A PARIS

CHEZ AUGUSTE AUBRY

LIBRAIRE DE LA SOCIÉTÉ DES BIBLIOPHILES FRANÇOIS

Rue Séguier, 18

M DCCC LXXVII

LA

VENTE DU MOBILIER

DU

CHATEAU DE VERSAILLES

PENDANT LA TERREUR

Dans un article relatif à la statue de Louis XV exécutée par J.-B. Lemoyne pour la ville de Rouen, M. Louis Courajod, après avoir parlé comme il convient du pillage et du vandalisme qui firent perdre à la France, pendant la Révolution, tant de merveilles d'art, promettait aux lecteurs de la *Gazette des Beaux-Arts* une note curieuse qui décrit avec précision quelques œuvres d'art célèbres des mobiliers de Versailles et de Trianon. Nous donnons ici ce document instructif, que nous accompagnerons de quelques notes; M. Courajod a bien voulu nous le remettre en nous priant de nous charger de ce travail.

Il s'agit d'un article qui figure dans un journal de Hollande, le *Kabinet van mode en Smaak*, te Haarlem bij A. Loosjes, P. Zoon, 1794, p. 259 (Recueil de mode et de bon goût, chez A. Loosjes, fils

1

de Pierre, à Haarlem), et dont voici le titre exact en hollandais :

« Lijst van Kostbare meubelen, uit de naalaatenschap van den laatsten Franschen Koning ter hoop aangebooden.

« Deeze oorspronglijke lijst vonden wij geschikt voor ons kabinet, en kan tot een blijvend gedenkstuk dienen van de verregaade pragt, van het luisterrijkste Hofin Europa, van welker grootheid thands geenen voetstap meer te ont dekken is. »

LISTE DE MEUBLES PRÉCIEUX

PROVENANT DE LA SUCCESSION DU DERNIER ROI DE FRANCE,

PRÉSENTÉS EN BLOC.

« Cette liste originale nous a paru très-propre à être publiée pour notre *Cabinet,* et pour servir comme souvenir durable du luxe inouï de la Cour la plus riche d'Europe, et dont la grandeur ne laisse plus aujourd'hui de trace. »

Suit la description, qu'on lira plus bas, de trente-sept lots d'objets provenant de la vente du château de Versailles. Ces objets ne furent pas exposés en vente à Haarlem, comme on pourrait le croire au premier abord ; le propriétaire du *Cabinet* (Recueil) *de mode et de bon goût* voulait seulement donner cette liste à ses lecteurs à titre de simple curiosité. On remarquera, du reste, que les prix sont portés en livres, et non en florins ; en outre, le vendeur a

pris soin de prévenir le public, après l'énumération
des objets, que « les prix étant stipulés *en assignats*,
cela procure d'autant plus de facilité aux acheteurs ». Pour plus de sûreté, nous avons eu recours
à l'obligeance de M. A. J. Enschedé, l'habile imprimeur de Haarlem, dont les travaux sont si appréciés
par les bibliophiles : « Comme la maison Loosjes
existe encore, nous écrit M. Enschedé, j'ai demandé
au chef actuel s'il pouvait me dire si cette vente
avait eu lieu à Haarlem : connaissant le style de son
grand-père, il m'a certifié qu'il n'était point ques-
tion d'une vente, mais d'une liste d'objets qu'on
voulait vendre en masse, en bloc, et que l'article
venait probablement d'un journal français du temps.
La vente en détail n'a pas eu lieu à Haarlem, car on
payait à la ville le quatre-vingtième denier, et les
registres de cet impôt existent encore : la vente ne
s'y trouve ni en 1793, ni en 1794, ni en 1795. »

Voici la description donnée par le *Kabinet :* nous
la reproduisons sans rien changer au style :

> 1. — UN CABARET OU DÉJEUNER, consistant en un plateau
> garni de deux tasses et de leurs soucoupes avec
> un sucrier, le tout de porcelaine de Sèvres la plus fine,
> à fond bleu, avec incrustation de guirlandes en perles
> et pierreries d'émail, de même que le médaillon en
> petites plaques d'or[1]. Sur chacune de ces pièces est
> représentée en mignature du plus beau et dernier

1. Nous ne savons ce que sont devenus ces vases. Aucun
musée ni dépôt public de France ne possède, que nous sachions,
une seule paire de vases de Sèvres de quelque importance.

fini une scène historique tirée des *Aventures de Télémaque,* ce qui fait neuf petits tableaux superbes. Une de ces tasses représente Vénus qui reçoit la pomme, et la soucoupe ajoute : *A la plus belle.* . . . . L. 3,000

L'ensemble fait un des chefs-d'œuvre de l'art en fait de peinture et de fabrique qui soit sorti de la manufacture de Sèvres. On voit dans ce genre deux vases qui ont moins réussi et sont cependant conservés au Muséum national de Paris[1]. Ce cabaret sort du mobilier du Petit-Trianon.

2. — UN AUTRE CABARET, belle qualité en porcelaine de Sèvres en couleur, contenant quatre tasses à café dont une petite, quatre à chocolat et quatre à thé avec le sucrier; le plateau de tôle peinte façon de lac. Le sucrier présente des oiseaux peints selon nature, dont les noms sont exprimés en lettres d'or au-dessus du sucrier.. . . . . L. 900

3. — UNE PENDULE en forme de lyre d'Apollon, montée en porcelaine bleue de la structure la plus élégante : autour de la pendule se trouve un cercle de grandes perles en bronze doré d'or moulu, les autres ornements tels qu'un soleil au sommet; les cordes de la lyre, guirlandes et autres sont du même métal doré et ciselé dans le plus beau goût. Le cadran indique, outre les heures et les minutes, les jours et les mois avec les douze signes du zodiaque, lesquels y sont peints en émail et donnent un coup d'œil très-agréable. Le

---

1. Ces belles porcelaines « à émaux » ou « en émaux », c'est ainsi qu'on les nommait autrefois, sont aujourd'hui extrêmement recherchées : c'est le *jewelled Sèvres* des Anglais. Parmi les artistes de la Manufacture royale qui décorèrent des pièces de ce genre, figure Coteau, émailleur originaire de Genève, bien connu des amateurs pour ses beaux cadrans émaillés.

mouvement est de Courieult, horloger à Paris. Une
cage de verre d'une seule pièce la couvre.

4. — LES DEUX VASES COLLATÉRAUX, en porcelaine bleue de la
manufacture de Sèvres, ornés de guirlandes et d'anses d'une ciselure superbe, supérieurement travaillés en bronze doré d'or moulu et or mat. N°ˢ 4 et
5 à . . . . L. 8,000
L'ensemble de ces trois pièces fait un effet admirable
et forme un des plus beaux meubles de cheminée.

5. — DEUX VASES POUR POT POURRI, de porcelaine de Sèvres,
forme ronde, façon chinoise, à couvercle plat. Le
fond en est blanc, les fleurs et les oiseaux qui sont
peints dessus, dans le goût de la Chine, avec filets
d'or; les socles se détachent. Ce meuble sort de la
salle à manger du ci-devant Roi.

6. — TROIS VASES A FLEURS, hauts, de la manufacture de
Sèvres, fond bleu, à guirlandes et en petites fleurs
élégamment peintes avec la plus grande finesse ;
les piédestaux sont aussi de porcelaine, fond bleu à
filets dorés et ronds . . . . L. 4,500

7. — TROIS VASES de porcelaine de Sèvres, fonds couleur
de chair [1], parsemé de fleurs d'or, à médaillons supérieurement peints avec des anses à têtes de bélier
dorés. Le vase du milieu, plus haut, représente sur
un médaillon en mignature : l'Amour dormant, auquel une Grâce rogne les ailes et une autre emporte
l'arc et les flèches ; le médaillon du côté opposé
représente une liasse de trophées d'Amour avec l'in-
scription : *Spes Amoris Nutrix;* le couvercle : un
petit Mars avec l'écusson à trois fleurs de lys. Les
deux vases latéraux correspondent à la beauté de
celui-ci en finesse et en peinture . . . . . L. 500

1. Il s'agit probablement ici de ce fond *rose Pompadour*
(improprement appelé rose Du Barry) inventé en 1757, par
Xhrouet, artiste de la manufacture royale de Sèvres.

8. — Deux Vases de cheminée de porcelaine de Sèvres,
fond blanc à médaillon et chargés de forte dorure.
La peinture est en mignature et si bien finie et
exprimée qu'on ne peut rien voir de plus beau. Ces
médaillons présentent deux tableaux d'un ménage
parisien : l'un d'une dame qui nourrit un enfant à
son sein, le pied sur un tabouret, la bonne derrière elle, tenant le berceau dans les bras, le panier
à maillots par terre, un petit garçon en matelotte
devant elle, jouant à ses genoux. L'autre représente
ces mêmes personnages autour d'une table, où la
bonne debout verse du thé. La dame donne du pain
à sa fille ; le petit garçon s'amuse à la cheminée avec
un petit chien barbet devant un tabouret. Le médaillon, qui est du côté opposé, présente un groupe de
joujoux analogues sur l'un de ses vases aux jeux
de garçons, et sur l'autre à ceux des filles. Le tout en
couleur vive et des plus belles attitudes.   L. 1,500
Le sujet de ces deux tableaux est si bien composé
que la manufacture de Sèvres l'a aussi rendu en biscuit dans deux groupes où les figures sont repré-
sentées dans les mêmes attitudes. On les conserve
au Muséum de Versailles[1].

9. — Deux petits pots a fleurs, forme quarrée, en porcelaine fine, teinte en oiseaux avec dorure.   L. 80

10. — Sept Assiettes peintes en fleurs . . . . . L. 36
Ces deux articles servent d'ornement dans un
petit ménage.

11. — Quatre Groupes en biscuit de la manufacture de
Sèvres. Celui du milieu représente une Conversation espagnole[2] en cinq figures, dans le genre de

1. Ces deux beaux vases appartiennent à M. Beurdeley.

2. Le groupe de la *Conversation* espagnole se vendait 1,104 livres à Sèvres ; voici comment se décomposait le

l'Estampe de Beauvarlet, d'une élégance et d'une
finesse surprenantes : la dame assise, un livre de
musique à la main et jettant ses regards sur un
jeune seigneur espagnol, qui lui fait une déclaration
respectueuse ; derrière la dame se trouve une femme
de chambre, pinçant de la guitarre ; à ses côtés est
assise une petite fille et par derrière un petit garçon jouant avec un chien.

Deux autres représentant des chasseurs avec
chiens et instruments de chasse.

Un autre, trois musiciens.

12. — ITEM, TROIS PETITS VASES DE BISCUIT et deux plus
grands. . . . . L. 400

13. — TROIS VASES D'ALBATRE à 18 pouces de hauteur sur
9 ½ pouces de large, garnis en bronze doré d'or
moulu et d'or matte, dont les anses à tête de belier
en albatre avec deux couleurs de bronze doré
enlacés ; ils sont posés sur un socle de même métal
doré, de 6 pouces quarrés sur 8 lignes de haut.

Le vase du milieu a 23 pouces de haut ; il s'élève
sur un socle de 8 ½ pouces quarrés sur 4 ½ pouces

prix, d'après le mémoire des pièces livrées « à Mme la com-
tesse Du Barry, par la Manufacture des Porcelaines du Roy,
pendant les années 1771, 1772, 1773 et 1774 ».

Porté à Lucienne : 17 juin 1773.

Un groupe du milieu de la Conversation espagnole	432 livres.
Deux groupes de la Conversation espagnole, les côtés, à 192 livres	384
Quatre figures accessoires, à 72 livres . .	288
	1,104 livres.

Nous avons donné ce document dans les *Porcelaines de
Sèvres de Mme Du Barry, d'après les Mémoires de la Manufacture royale*, etc. Paris, 1870, in-8°.

de haut, en bronze doré, orné sur les 2 faces de médaillons et d'enfants représentant les Arts en bas-reliefs, surmonté de branches de myrthe et sur les deux côtés une frise à rinceaux d'ornements ciselés sur fond bleu. Le corps du vase renferme *une pendule* cachée, mouvement de Montjoie à Paris, dont le cadran de bronze doré, en cilindre horizontal, fait un cercle peu large et peu remarquable, que borde le haut du vase ; il est surmonté d'un couvercle en albatre avec dorure en or moulu, qui représente deux génies jouant avec un coq entre guirlandes : l'un d'eux porte son doigt sur le cadran qui tourne, pour y marquer l'heure et la minute . . . . L. 4,000

Ces trois vases font un superbe ornement de cheminée d'une grande salle.

14. — UNE PENDULE, mouvement du célèbre horloger Lépine, allant un couple de mois de suite, montée en une boîte de marbre, ornée de frises en bronze doré, or moulu et matte, surmontée de deux enfans même métal doré, qui présentent une couronne de lauriers . . . . L. 2,400

15. — DEUX GRANDS CHENETS EN FER OU FEUX DE CHEMINÉE à recouvrement de bronze doré d'or moulu et d'or matte, représentant, en une ciselure superbe, d'après le dessin d'une fontaine au parc de Versailles, l'un un sanglier, l'autre un cerf, tous deux couchés, avec divers attributs de chasses et bas-reliefs y analogues : avec pelle et pincette. L. 4,000

16. — DEUX BRAS DE CHEMINÉE A TROIS BRANCHES, en cuivre doré, or moulu, d'une ciselure élégante en feuilles et grappes de raisin, avec de petites chaînes, structure du dernier goût. . . . . L. 1,000

17. — DEUX BRAS A DEUX BRANCHES mêmes métal et dorures, ciselure fine et légère, représentant un carquois

surmonté d'un aigle, la foudre dans ses pieds, avec de petites chaînes.

18. — UN TABLEAU ENCADRÉ ET SOUS GLACE, FAIT EN TAPIS-SERIE, à la manufacture dite de la Savonnerie, représentant un chien barbet qui s'amuse à croquer un ruban de couleur. . . . . L. 600
La moëllure de la laine, en laquelle ce tableau est ourdi avec tant d'art, de finesse et de perfection, fait que par sa ressemblance frappante avec le poil du chien, quoique regardé de bien près, on croirait ce tableau peint à l'huile ou tout au moins au pastel. Il sort du *Petit Trianon*.

19. — UNE CHIFFONNIÈRE en bois satiné, gris moucheté, couverte d'une plaque de marbre blanc; d'un beau travail d'ébénisterie. . . . . L. 200

20. — UNE AUTRE, appelée BONHEUR DU JOUR, avec petit secrétaire en bois satiné, moucheté, d'une nuance très-agréable; le dessus couvert d'une plaque de marbre blanc. . . . . L. 250

21. — UNE TOILETTE, en forme de buffet, avec douze tiroirs et tablettes fermés, tous les ressorts cachés au moyen d'une seule clef, pouvant servir aussi de petit secrétaire : sa construction est en beau bois satiné qui représente de très-jolies figures et des paysages et autres objets artistement rapportés en bois . . . . L. 600
Ce meuble sort du *Petit Trianon*.

22. — DEUX CONSOLES MI-RONDES, en bois sculpté, peint en gris perle, chargées de sculptures élégantes et couvertes d'un très-beau marbre blanc de Carrare. . . . . L. 400

23. — UNE CONSOLE MI-RONDE, couverte d'un marbre blanc incrusté de quatre-vingt-dix plaques de *lave du mont Vésuve* donnant autant de nuances différentes

de ce marbre factice précieux, toutes symétrique-
ment rapportées . . . . L. 1,200

24. — Une Commode, avec son dessus de marbre rouge char-
gée de plaques, rinceaux et divers autres ornements,
avec de petites figures d'hommes entières, le tout
en bronze doré, d'or moulu. . . . . . L. 1,200
Placée dans la chambre de la garde-robe au château, en 1788.

25. — Une paire de Globes terrestre et céleste à dix-huit
pouces de diamètre, de la composition du géographe
Robert Vaugondy, d'ordre particulier du ci-devant
Roi, garnis de cuivre jaune montés sur des piédestaux de bois sculptés, avec les attributs des sciences,
de l'art militaire, etc., et des trophées en couleur et
dorés. . . . . L. 1,200

26. — Un Secrétaire de marquetterie ou bois rapporté, à
cylindre de quatre pieds quatre pouces de long,
trois pieds quatre pouces de profondeur et trois pieds
huit pouces de haut. Les bois rapportés sur les faces
extérieures présentent les groupes suivants :
Par devant les attributs de l'art militaire et de la
royauté, comme couronne et bâton de maréchal,
soutenus d'une tête de Mercure, avec les ailes et le
bâton serpenté, reposant sur des feuilles de laurier :
sur chaque côté une tête à casque en médaillon
encadré d'un cercle de lauriers en cuivre doré :
sur le côté droit sont deux génies, avec des attributs de mathématiques et des lauriers ; ils écrivent
sur une tablette les mots suivants : Plus on tra-
vaille, plus on apprend à cultiver tous les talents,
imitez-nous et vous verrez que dans le monde on...
est mortel. Sur le côté gauche, deux enfants jouant
avec un coq, symbole de la vigilance. Par derrière
où se trouvent les mêmes ornements en cuivre doré
comme sur le devant, est une lyre couchée sur un
livre et trois volumes entrelacés de branches de

laurier et de fleurs, avec une écritoire garnie de plumes, le tout attributs de la poésie. Sur le dessus qui est environné d'une balustrade à jour de cuivre doré, sont les attributs de l'étude, savoir un livre d'écriture in-4°, couvert de papier marbré, à demi ouvert, où on lit plusieurs lignes en caractères d'écriture allemande, à côté de plumes taillées, une boussole, une flûte, une branche de laurier et de quelques fleurs, un médaillon avec une tête à casque ceinte de laurier. Toutes ces têtes ont quelque ressemblance à celles des écus de six francs.

Ce secrétaire présente en dedans six tiroirs, trois de chaque côté, dont un avec un encrier, poudrier et boîte à éponge, de cuivre argenté ; entre ces tiroirs trois rangs de tablettes mobiles, le tout en beau bois fin de rosier, les doublures d'un beau chêne et incrusté sur les faces de filets d'ivoire et de cuivre doré avec garnitures pour anses de même métal. La table qui sert à l'écriture est couverte en beau velours noir bordé d'un petit galon d'or et d'un double filet d'ivoire ombré et noir ; son encadrure est en cuivre fortement doré et façonné en dehors. Elle se tire en avant, au-dessus d'elle sort en dehors de chaque côté un tiroir cylindrique et au milieu un autre quarré ; les trois dans toute la profondeur présentant sur leurs surfaces des ornemens en bois de rapport, incrusté d'ivoire et chargé de plaques d'or moulu et mat de fort belle ciselure, les bords garnis de cuivre doré. Les pieds sont chargés de même sur les quatre faces de feuilles de chêne d'or moulu et mat du haut en bas. Les mêmes ornemens en travail de bois et de métal doré se trouvent sur toutes les faces du dehors, et des deux côtés s'élèvent deux consoles en feuilles d'ornement servant de bras (à bougie) à double branche, le tout de bronze ciselé sur doré d'or moulu.

L'artiste Risner[1], à Paris, un des plus habiles ébénistes de l'Europe et auteur de ce meuble, a eu l'idée de réunir tous les ressorts de l'intérieur de ce secrétaire qui ferment quatre pièces et sont cachés dans une seule serrure, dont la clef qui a une fleur de lys dans son panneton, ouvre tout d'un seul trait fort léger. . . . . L. 12,000

Ce meuble alloit être retiré de la vente comme pièce d'art précieuse pour être conservé au Muséum, d'après le décret relatif à ces objets ; mais y ayant été trouvés deux à près semblables dans le garde-meuble, on s'est borné à n'en conserver qu'un.

27. — Douze Chaises, dont quatre à carreaux, le tout couvert en brocart d'or, doublé de satin, fond cramoisi, figurant un bouquet entouré d'une guirlande en petites fleurs en perles ; la boiserie de très-belle sculpture et richement dorée. . . . . . . L. 3,600

28. — Douze Chaises de la même description, un second lot. L. 3,600

29. — Douze Chaises de même, un troisième lot, augmenté d'un écran et d'un paravent à quatre feuilles, même étoffe de brocart d'or des deux côtés, les bois sculptés et dorés. . . . . L. 4,800

Ces trois meubles, riches, élégants et tout frais, sortent de la Bibliothèque et de la salle des jeux du ci-devant Roi.

30. — Meuble verd, dit la Grotte de Rambouillet, élégamment champêtre, consistant en quatre petits

1. Le meuble dont on vient de lire la description devait égaler pour la beauté du travail le splendide bureau de Riesener, exposé dans une des salles du Louvre, et qui porte la signature du célèbre ébéniste, avec la date 1769. Nous avons donné une notice sur Riesener dans le *Cabinet du duc d'Aumont*. Paris, Aubry, 1870, in-8°.

canapés ou tête-à-tête, huit chaises, un écran et
trois draperies de croisée, le tout de gros de Tours
verd brodé en mosaïque et étoiles d'argent, orné de
franges de perles et jais ; les bois artistement sculptés en roseaux et coquillages et peints de même.
Le siége formant une grande coquille, le dossier,
travaillé à jour en roseaux de soie, de forme très-
agréable à l'œil, couvert de paillettes d'argent ; les
pieds en roseaux. . . . . L. 4,800

34. — MEUBLE DE LAMPAS BLEU ET BLANC ; le dessin représentant les forges de Vulcain et une rivière sous la
figure de deux hommes versant un pot d'eau ; composé d'un grand canapé ou ottomanne à matelas en
oreiller long 8 $\frac{1}{2}$ pieds, haut 5 $\frac{1}{4}$ p., profond 2 $\frac{1}{2}$ p.,
d'un tête-à-tête, d'une bergère, d'un petit fauteuil de
bureau ou en gondole ; de deux chaises meublantes
ordinaires, le tout à bois élégamment et artistement
sculpté et surdoré richement ; de six rideaux de
croisée, haut 11 p. 9 pouces, larges 3 p., en même
lampas, doublé de taffetas blanc et de neuf draperies semblables, avec franges, glans et cordons.
L'étoffe est artistement travaillée en soie et les
figures avec la bordure, tissues exprès, selon les
dimensions du meuble. Le dessous du matelas et
des carreaux est de la même étoffe que le dessus . . . . L. 10,000
Ce meuble, qui est tout frais et n'a pas encore
servi, est un bijou délicieux pour orner une belle
salle.

32. — UN CAPARAÇON[1] de velours cramoisi, richement chargé
et brodé en or, bordé de franges garnies de torsates
d'or. . . . . L. 1,500

33. — UN AUTRE CAPARAÇON, aussi de velours cramoisi élé-

1. Nous voyons figurer dans la vente du Château de Versailles de nombreux lots de « caparassons ». N° 5,067 et suivants.

gamment brodé en or, garni de franges d'or uni. . . . . L. 750

L'un et l'autre tout frais.

34. — CINQUANTE BOUFFETTES de poil de chèvre, couleur de feu, pour ornement d'oreilles aux chevaux. L. 300

35. — UN PARAVENT DE SIX FEUILLES, tapisserie en laine de la manufacture ci-devant Royale dite *de la Savonnerie,* chaque feuille représentant dans le bas divers animaux quadrupèdes, et par-dessus des oiseaux, fleurs, guirlandes, trophées, etc., le tout en couleurs naturelles, de ressemblance frappante, supérieurement travaillé. Le derrière est en partie cramoisi. . . . . L. 2,000

36. — UN AUTRE PARAVENT mêmes étoffes et figures, à l'exception d'une feuille qui représente des objets différents. . . . . L. 2,400

37. — UN PARAVENT DE SIX FEUILLES, à bois doré, tapisserie de la manufacture des Gobelins, représentant sur chacune en couleurs naturelles et vives des scènes variées de divers opéras-comiques et au-dessous des traits tirés des fables de La Fontaine : Le derrière présente des bouquets de fleurs, même tapisserie.

La plupart de ces meubles portent l'empreinte d'un suprême degré d'art, auquel ils ont été travaillés. C'est l'épreuve de l'estampe avant la lettre à laquelle on peut les comparer. Non-seulement les matériaux qui y ont servi ont été choisis dans la plus grande perfection, mais encore les artistes qui y ont été les premiers de leurs classes. On auroit beau le commander à neuf, ou on auroit de la peine à être satisfait pour le point de perfection, ou on les payeroit deux fois au triple de ce que cela a valu autrefois.

Les prix étant stipulés *en assignats* cela procure d'autant plus de facilité aux acheteurs [1].

1. On sait que le cours des assignats variait chaque jour :

Que sont devenus les objets dont on vient de
lire la description, et dont le plus grand nombre
étaient assurément d'une beauté merveilleuse ? Ils
eurent sans doute le même sort que ceux qui, adjugés également à vil prix, à la vente aux enchères
du Château de Versailles, furent dispersés par
milliers, — nous n'exagérons pas, — à tous les
coins de l'Europe.

L'occasion se présente de dire ici quelques mots
de cette vente, sur laquelle les historiens de la Révolution ont gardé le silence, et qui est ignorée de
la plupart des amateurs. On peut cependant la
considérer comme un événement d'une certaine importance, puisque *pendant un an moins quatorze
jours,* les innombrables merveilles que contenait
le Château de Versailles furent vendues au plus
offrant et dernier enchérisseur.

C'est le dimanche 25 août 1793, à dix heures du
matin, que commença cette dispersion à jamais
regrettable ; elle eut lieu en exécution d'un décret
de la Convention ordonnant « la vente des meubles

---

d'après les tableaux de dépréciation du papier-monnaie que
nous avons consultés, nous estimons que l'on peut en fixer
la perte aux deux tiers environ, en moyenne, tant pendant la
vente du Château de Versailles que pendant les quelques mois
qui suivirent : ainsi cent livres en assignats ne représentaient
pas quarante livres en numéraire. En décembre 1794, ils per-
daient près de 80 pour 100, et chacun sait à quel point
ils furent dépréciés plus tard : en prairial an IV, cent livres
en assignats ne valaient même pas *quatre sous.*

et immeubles de la ci-devant liste civile », et
dura sans interruption jusqu'au 24 thermidor an II
(11 août 1794). On était en pleine Terreur[1] : il est
facile d'imaginer à quel prix pouvaient être adjugés
des objets d'art et de luxe à une époque où per-
sonne n'était sûr de conserver sa tête ; bien entendu
le prix était payable en assignats ; or chacun sait à
quel degré d'avilissement et de discrédit était tombé
le papier-monnaie. « Tous ceux qui avaient des assignats, dit un historien célèbre, s'empressaient de
se procurer des lettres de change sur Amsterdam,
sur Hambourg, sur Genève, sur toutes les places de
l'Europe ; ils donnaient, pour obtenir les valeurs
étrangères, des valeurs nationales énormes, et avilis-
saient ainsi les assignats en les abandonnant. (Août
1793.) Quelques-unes de ces lettres de change étaient
réalisées hors de France, et la valeur en était touchée
par les émigrés. Des meubles magnifiques, dépouilles
de l'ancien luxe, consistant en ébénisterie, horloge-
rie, glaces, bronzes dorés, porcelaines, tableaux,
éditions précieuses, payaient ces lettres de change
qui s'étaient transformées en guinées ou en ducats[2] ».

La vente commença donc le 25 août 1793 ; c'était

1. M. Mortimer-Ternaux place la Terreur entre le 31 mai 1793
et le 27 juillet 1794. V. *Histoire de la Terreur*. Paris, 1863,
in-8.

On remarquera que la vente du Château de Versailles eut lieu
presque exactement entre ces deux dates.

2. Thiers, *Histoire de la Révolution*, t. IV, p. 201.

un dimanche; elle avait lieu « dans un logement
faisant partie du Château de Versailles, situé Cour
des Princes, et occupé par la ci-devant princesse
de Lamballe ». C'est en ces termes que commence
le procès-verbal de vente. Le manuscrit de ce procès-verbal, rédigé avec une orthographe souvent
grossière, n'occupe pas moins de trente-cinq registres
in-folio, comprenant en tout dix-sept mille cent
quatre-vingt-deux numéros; et souvent un seul
numéro comprenait un grand nombre d'objets :
lorsque, par exemple, on vendait en bloc tout le
mobilier d'une chambre : lit, bergères, fauteuils,
canapés, portières, etc.; ou bien encore un service
de porcelaine de Sèvres de plus de deux cents pièces,
six douzaines de tasses, plusieurs cabarets, etc.[1].

Les objets au-dessus de mille francs étaient vendus aux feux. Deux membres de la Convention assis-
taient à la vente. De temps en temps quelque
incident venait troubler la monotonie de cette exécution : un jour, par exemple, un citoyen vient

1. Le procès-verbal de la vente du Château de Versailles
est conservé à la Préfecture de cette ville. Il n'a jamais été
imprimé; cependant nous avons sous les yeux le catalogue
d'un petit nombre d'objets choisis, qui porte le titre suivant:
CONVENTION NATIONALE. *Catalogue des meubles et effets
précieux dont la vente se fera... au ci-devant Château de
Versailles, le 1er messidor, l'an deuxième, en exécution de
la loi du 10 juin 1793. (Vieux style.)* Paris, in-8°, de l'*Im-
primerie nationale. Ce catalogue d'une feuille d'impression,
ne comprend que trente-deux numéros. La Bibliothèque Nationale ne le possède pas.

restituer une cuiller d'argent oubliée dans un lot
d'écrins vides qui lui avait été adjugé la veille ; car
on vendait de nombreux lots d'écrins qui avaient
contenu les pièces d'argenterie précédemment en-
voyées à la Monnaie pour être fondues. Un autre
jour, on met en vente un portrait de l'empereur
d'Autriche. — « Au feu ! au feu ! » s'écrie la foule. Et
le portrait du père de Marie-Antoinette est brûlé
séance tenante. Les objets qui portaient des armoi-
ries ou des fleurs de lis n'étaient ordinairement
vendus qu'à la condition qu'on ferait disparaître ces
signes « de féodalité ». C'est ainsi que nous lisons :

« 7,033. — Une Commode de bois de placage orné de
   bronze doré, au Cⁿ Guillaume Roux, à charge
   par l'acquéreur de faire disparaître les fleurs
   de lis . . . . : . . . . 200 liv.

Quelquefois cependant ils étaient retirés de la
vente, probablement pour être fondus :

« 3,049. — Deux flambeaux retirés, étant fleurdelisés. Mémoire

Tout ce que contenait le Château de Versailles,
celui de Trianon et leurs dépendances, fut ainsi
vendu à la criée pendant près d'un an, les objets
les plus disparates se succédant sans ordre et sans
classement : les meubles à côté des armes et des
armures, les porcelaines à côté du linge, les provi-
sions de toutes sortes à côté des ornements d'église.
Rien n'était oublié, car nous voyons figurer jusqu'aux

séparations des loges du Théâtre, jusqu'aux traî-
neaux de jardin.

Voici quelques articles avec les prix d'adjudica-
tion, payables, on s'en souvient, en assignats :

« 205. — Un secrétaire d'acajou à dessus de marbre (du Petit-
    Trianon), au Cⁿ Riesner. . . . .   326 liv.

« 739. — Un lit, etc., estimé au-dessus de 1,000 livres, et en
    conséquence vendu aux feux. . . . .   4,150 liv.

« 819. — Huit seaux à rafraîchir, dont six grands, en porce-
    laine de Sèvres, au Cⁿ Glaise . . .   74 liv. 1 s.

« 1,089. — Quatre pièces de tapisserie en point de Hon-
    grie . . . .   33 liv.

« 1,272. — Quatre chemises de toile de Hollande à usage de
    femme. . . . .   250 liv.

« 1,604. — Un lit à la duchesse, complet. . . .   2,163 liv.

« 1,716. — Un secrétaire en bois de rassine (sic) de forme
    antique, garni d'entrées d'argent   49 liv. 19 s..

« 1,840. — Un lit à la Polonoise, bergères, fauteuils, por-
    tières, etc. . . . .   10,960 liv.

« 2,218. — Trois vases de porcelaine de Sèvres couleur de
    lapis (du Grand-Trianon). . . . . . .   634 liv.

« 2,340. — Une table à écrire en bois de palixandre, en mo-
    saïque, richement ornée de bronze doré d'or
    moulu, au Cⁿ Riesner, de Paris .   3,240 liv.

« 2,503. — Une pendule de Le Pautre, au Cⁿ Riesner, de
    Paris . . . .   9,200 liv.

« 3,713. — Un devant d'autel et de nombreux objets d'église
    (du Grand-Trianon). . . . .   110 liv.

« 3,637. — La moitié d'un service de Sève (sic) bleu et or ap-
    partenant à la Polignac, au Cⁿ Cheylus. 3,940 liv.

« 3,773. — L'autre moitié du même service bleu et or, au
            Cⁿ Berton. . . . . 2601 liv.

« 4,150. — Deux guennes (gaînes) en racine d'acajou avec
            pendule et thermomètre, ornées d'aigles en
            bronze antique . . . . 7,899 liv.

« 4,615. — Une escarpolette en bois . . . . 20 liv.

« 4,730 à 4,741.— Caffé Capet (sic) : 24 livres de caffé[1]. 106 liv.

« 4,783. — Eliza (sic, pour Madame Elisabeth). Deux candé-
            labres à sept branches richement dorés au mat,
            au Cⁿ Grincourt . . . . 2,000 liv.

« 4,895. — Une grande paire de bras dorés au mat, à cinq
            bobèches, avec fleurs, chaînes et carquois, au
            Cⁿ Feucher (Feuchère) de Paris . . 1,150 liv.

« 4,967. — Cinq pots-pourris et deux écuelles de porcelaine de
            Chantilly (du Grand-Trianon) . . 12 liv. 19 s.

« 5,649. — Trois vases de Sève gris de lin montés en bronze
            doré, au Cⁿ Feuchère . . . . 650 liv.

« 6,450. — Une armure antique incomplète doublée de velours
            cramoisi, avec casque et brassard, garnie
            d'agraffes légères en argent, au Cⁿ La Bus-
            sière. . . . . 583 liv.

« 7,354. — Deux vases de porcelaine de Sève fond vert à
            l'assets (lacets) et médaillons . . . . 271 liv.

« 7,539. — Trois vases de porcelaine de Sève fond bleu.
            . . . . 802 liv.

« 7,670. — Un gros feu surmonté de Sphinx dorés au mat.
            . . . . 2,000 liv.

---

1. De nombreux articles portant la désignation de « Caffé
Capet » figurent dans le procès-verbal de vente. Les vins en
bouteille étaient vendus sous la rubrique de « Cave Capet ».
(Nᵒˢ 6,661 et suivants).

« 7,678. — Un fort feu surmonté de Lyon (lions) doré.
. . . . 2,401 liv.

« 7,742. — (Appartements du fils Capet). Un corps de bibliothèque en bois de rapport. . . . . 2,100 liv.

« 8,035. — Un lot de porcelaine de Sève de plus de 220 pièces.
. . . . 1,841 liv.»

Il serait facile de multiplier ces citations, mais
nous nous arrêterons dans la crainte de fatiguer les
lecteurs. Disons seulement que les objets d'art et le
mobilier des autres châteaux royaux subirent le
même sort. La Bibliothèque nationale possède le
procès-verbal de la vente du château de Marly, qui
produisit 400,874 liv. 1 sou [1]. En même temps on
vendait à Paris une partie des objets du Garde-
Meuble[2]. Il y avait même des loteries de « Meubles
nationaux »[3].

1. Département des manuscrits (7,818). — Cette vente dura
du 6 octobre 1793 au 5 frimaire suivant. On trouve à la suite
le « procès-verbal de vérification et privé des porcelaines du
Château de Marly. Quintidi, 29 brumaire ». Trente articles.
L'estimation fut faite par les ouvriers de la Manufacture de
Sèvres.

2. *Affiches et annonces* (Petites-Affiches) du 10 pluviôse
an II (29 janvier 1794) : « GARDE-MEUBLE NATIONAL. *Vente
par continuation des meubles et effets de toute nature...
place de la Révolution.* »

3. « Prospectus de la seconde loterie de maisons, bâti-
ments et meubles nationaux... en vertu des décrets de la
Convention du 29 germinal et 8 prairial an III. » Paris, impri-
merie nationale, 1794. In-folio de 37 pages. Précédemment,
l'Hôtel de Salm avait été mis en loterie avec son mobilier :
« *Loterie de l'Hôtel de Salm, avec son mobilier.* » Paris,
1791, in-8. Pièce.

Il faut dire que des commissaires, nommés par la Convention, faisaient avant la vente un choix des objets soit « nécessaires à l'instruction », soit « propres aux échanges », et qui, à ce titre, ne devaient pas être exposés aux enchères. Mais il est facile de se figurer comment ces choix pouvaient être faits à une époque aussi troublée. Il faut ajouter que ces « commissaires-artistes », c'est ainsi qu'on les appelait, étaient la plupart du temps des personnages absolument dénués des connaissances nécessaires pour accomplir une semblable mission. Nous voyons parmi eux des marchands de curiosités, notamment Langlier, bien connu des curieux de la seconde moitié du xviiiᵉ siècle, et dont le nom figure si souvent dans les notes manuscrites des catalogues de vente de cette époque[1] ; on le retrouve souvent, pendant la Révolution, dans un bon nombre d'inventaires et de procès-verbaux. Il nous paraît intéressant de donner ici, comme spécimen des documents de ce genre, la copie d'une pièce dont le manuscrit est conservé à la Préfecture de Versailles.

DÉPOT DE VERSAILLES.

AU PALAIS NATIONAL.

Liste civile.

« L'an III... Nous, commissaires du district, nommés pour assister aux opérations confiés (sic) au Cⁿ Honoré Florentin,

1. Nous avons sous les yeux le *Catalogue des tableaux... de M. Langlier et autres marchands.* Paris, 1779, in-8°.

assisté du Cⁿ Levigneur, tous deux revêtus de pouvoirs à
l'effet de se transporter à Versailles pour extraire des dépôts
du district les objets qui, sans être nécessaires à l'instruction, seront jugés propres aux échanges d'après l'avis des
membres de la Commission temporaire des arts, unis pour
cette opération au Cⁿ Langlier, commissaire-artiste du district de Versailles, chargé de déterminer avec les commissaires de Paris les estimations d'objets précieux extraits
pour les ventes, auquel il a été donné pour adjoint le
Cⁿ Damarin, lequel est chargé de la rédaction des procès-
verbaux... Avons commencé nos opérations par les effets
provenant du mobilier de la ci-devant liste civile de la
manière et ainsi qu'il suit :

N° 1. — Deux vases de porcelaine de Sèvres, fond bleu, esti-
més . . . . 3,600 liv.

« 2. — Deux autres, forme Médicis. 4,000

« 4. — (Saint-Cloud). Deux candélabres à sept
bobèches, forme de trépied 6,000

« 9. — Un vase de porcelaine de Sèvres fond
bleu, forme de nacelle [1] 1,000

« 11. — (Saint-Cloud). Une commode de lac . . 6,000

« 12. — Un secrétaire 10,000

« 14. — Une pendule de bronze doré ornée de
cinq enfants. 5,500

« 15. — (Saint-Cloud). Une paire de bras à trois
branches, genre arabesque; bobèches

[1]. C'est très-probablement le fameux *vaisseau* ou *nef à
mât,* si recherché des amateurs et dont la forme rappelait
les armes de la ville de Paris. Nous le voyons désigné dans
les catalogues de ventes du temps sous le nom de « vase en
forme de navire ». Il vaudrait aujourd'hui cent fois le prix de
l'estimation.

à têtes d'aigle; têtes de bélier sur
le vase, surmontées d'un bouquet de
fleurs et de fruits à guirlandes. Dorée
d'or mat . . . .   1,800 liv

« 16. — (Saint-Cloud). Une seconde paire pareille.   1,800

« 17. — (Saint-Cloud). Quatre bras à trois bobèches, forme lyre, à trophées de musique, etc., et guirlandes de pampre
et de raisin   3,600

« 18. — (Saint-Cloud). Une pendule de Robin
sur socle de marbre bleu turquin,
ornée de branches de laurier, de
guirlandes, vase à cassolette   2,000

« 19. — (Saint-Cloud). Un feu à recouvrement, à
médaillons avec tête de Phébus, surmonté d'aigles tenant des foudres . .   2,000

. . . .

« Recherche générale faite, et rien ne s'étant
plus trouvé, ces effets ont été transportés à la
Maison nationale du Garde-Meuble sous l'inspec-
tion du Cⁿ Vienne. »

Nous donnerons encore, pour finir, quelques
extraits d'un curieux inventaire d'objets apparte-
nant au Château de Versailles, et qui, n'ayant pu
être vendus, furent déposés au Garde-Meuble de
Versailles, le 22 fructidor an II[1].

1. Ce cahier manuscrit, également conservé à la Préfecture
de Versailles, se compose de 34 pages in-folio, et porte le
titre de : *Clôture du procès-verbal de vente et récollement
des effets non vendus et rentrés.*

« Art. 1,871. — Un lustre de cristal de roche à douze lu-
               mières, prisé . . . . 4,000 liv.

  « 1,873. — Un autre. 20,000

  « 1,874. — Deux girandoles à pied, égale-
               ment de cristal de roche, prisé. 12,000

  « 1,879. — Un grand lustre de cristal de
               roche à 12 lumières, prisé . . 20,000

  « 1,884. — Un autre, moyen, à douze lu-
               mières, prisé. 10,000

  « 1,893. — Cinq cents livres pesant de cristal
               de roche en morceaux, prove-
               nant de débris de lustres, prisé.   100

  « 2,379. — Quatre pièces dé tapisserie de
               Beauvais, prisées 15,000

  « 2,518. — Un meuble de gros de Tours,
               prisé. 18,000

  « 2,522. — Un meuble de velours bleu cé-
               leste, prisé. 40,000

  « 2,528. — Un magnifique meuble de brocart
               d'or et d'argent, prisé. . . . 100,000

  « 2,529. — Un meuble de gros de Tours,
               prisé. 18,000

  « 2,497. — Un autre, prisé 6,000

  « 2,537. — Un dais 40,000

  « 2,062. — Douze clavecins. . . . . Mémoire. »

Il ne nous est malheureusement resté qu'un nombre
relativement très - restreint de tant de meubles magnifiques : on les donnait en échange ou en payement
à des fournisseurs, par exemple à un certain Lan-

chère, qui avait été le continuateur de l'abbé d'Es-
pagnac pour l'exploitation des convois et transports
militaires. « Le Comité de Salut public lui avait fait
délivrer en paiement de ses premiers services, de
fortes parties du mobilier de Versailles, en pendules,
en tapis, eu statues de marbre, en commodes, secré-
taires et consoles du meilleur goût et du plus grand
prix. Lanchère père, originairement cocher de fiacre
à Metz, mais d'une activité merveilleuse, et secondé
par les talents de sa femme en affaires, était resté
avec sa vaste entreprise l'homme le plus simple du
monde. Il avait encombré de tout ce mobilier de
Versailles l'*Hôtel de Flamarens*, faubourg Saint-
Germain, dont il était propriétaire, ce qui faisait
l'effet d'un garde-meuble à déménager... [1] »

Paris regorgeait, à la suite de la vente du Château
de Versailles, de meubles et d'objets précieux qui
encombraient les magasins des revendeurs. Les jour-
naux du temps sont remplis d'annonces où ils sont
offerts au public. C'est ainsi que nous lisons dans
les *Affiches, Annonces,* etc., du 3 pluviôse an II :
« Magasin de *beaux meubles* provenant de la *Liste
civile* », rue Helvétius, 53 » ; et à côté : « Magasin de
la citoyenne Mauduit : Vente à prix fixe de *meubles*
de Versailles et de Trianon ». Nous avons déjà donné,
dans le *Cabinet du duc d'Aumont*, la curieuse
annonce de la « Vente de beaux Ouvrages d'Ébénis-

1. *Souvenirs de M. Berryer,* doyen des avocats de Paris.
Paris, 1839, in-8°, t. II, p. 338 et suiv.

terie de la Fabrique de Riesener, Ébéniste, à l'Arse-
nal, dont une grande partie proven. des Cabinets
intérieurs de Versailles et de Trianon, etc... », que le
célèbre ébéniste invite les amateurs à venir voir chez
lui. Il fallut des années pour écouler ces dépouilles
des châteaux royaux, et on les retrouvait jusque
dans les hôtels garnis.

Après l'incurie, l'indifférence et le vandalisme, le
vol et le pillage contribuèrent encore à faire sortir
de France un nombre infini d'objets. Écoutons un
témoin qui n'est pas suspect : « Le mobilier appar-
tenant à la Nation, disait Grégoire devant la Convention, a souffert des dilapidations immenses, parce
que les fripons, qui ont toujours une logique à part,
ont dit : *Nous sommes la Nation,* et quoiqu'en gé-
néral on doive avoir mauvaise idée de quiconque
s'est enrichi dans la Révolution, plusieurs n'ont pas
eu l'adresse de cacher des fortunes colossales éle-
vées tout à coup. Autrefois ces hommes vivaient à
peine du produit de leur travail, et depuis long-
temps ne travaillant pas, ils nagent dans l'abon-
dance.

« C'est dans le domaine des arts que les plus
grandes dilapidations ont été commises. Ne croyez
pas qu'on exagère en disant que la seule nomencla-
ture des objets enlevés, détruits ou dégradés,
ormerait plusieurs volumes.

« ... Les antiques, les médailles, les pierres
gravées, les émaux de Petitot, les bijoux, les mor-

ceaux d'histoire naturelle d'un petit volume, ont été plus fréquemment la proie des fripons. Lorsqu'ils ont cru devoir colorer leurs vols, ils ont substitué des cailloux taillés, des pierres fausses aux véritables. Et comment n'auraient-ils pas eu la facilité de se jouer des scellés, lorsqu'on saura qu'à Paris même, il y a un mois, des agents de la municipalité apposaient des cachets sans caractères, des boutons et même des gros sous, en sorte que quiconque était muni d'un sou pouvait, à son gré, lever et réapposer les scellés [1] ?

« De toutes parts s'élèvent contre des commissaires des plaintes des plus amères et des plus justes.

---

1. Il n'est pas sans intérêt de consulter à ce sujet les caricatures de l'époque de la Révolution. Nous en citerons seulement trois, de l'année 1793, qui appartiennent au Cabinet des Estampes de la Bibliothèque nationale.

La première, gravée en couleur, est intitulée : « *Président d'un Comité révolutionnaire après la levée d'un scelé* (sic)». Un homme à figure patibulaire, coiffé d'un bonnet rouge et vêtu d'une carmagnole, s'enfuit, tenant d'une main un sac d'argent, et de l'autre de l'argenterie; des couverts sortent de ses poches, et plusieurs chaînes d'or pendent à sa ceinture.

La seconde représente deux vauriens déguenillés, armés de bâtons noueux : « *Aristide et Brise-Scellé.* — Se trouve chez le marchand de curiosités, rue Coquillière, n° 10... »

Dans la troisième, enfin, on voit une bande de gueux armés de piques, et on lit au-dessous :

« PATROUILLE RÉVOLUTIONNAIRE.

« Amis quelle moisson s'ofre à notre courage!
Laissons là les lauriers, mais courons au pillage! »

Comme ils ont des deniers à pomper sur les sommes produites sur les ventes, ils évitent de mettre en réserve les objets précieux à l'instruction publique. Il est à remarquer d'ailleurs que la plupart des hommes choisis pour commissaires sont des marchands, des fripiers qui, étant par état plus capables d'apprécier les objets rares présentés aux enchères, s'assurent des bénéfices exorbitants. Pour mieux réussir, on dépareille les livres, on démonte les machines, le tube d'un télescope se trouve séparé de son objectif, et des fripons concertés savent réunir les pièces séparées qu'ils ont acquises à bon marché. Lorsqu'ils redoutent la probité ou la concurrence de gens instruits, ils offrent de l'argent pour les engager à se retirer des ventes. On en cite une où ils assommèrent un enchérisseur[1]. »

1. Voici en quels termes un journal du temps appréciait le langage du célèbre conventionnel : « Les sans-culottes devraient bien couvrir de boue un certain rapport de l'abbé Grégoire au nom du Comité de l'instruction publique sur ce qu'il appelle le vandalisme, où il regrette la basilique de Chartres, celle de Nîmes et celle de Strasbourg, la *Résurrection du frère Luc*, à Verdun, la *Descente de croix*, à Mayence, les vitraux de Gisors, les tableaux des sept-sacrements, à Grasse, les clochers de Bourg, le mausolée du maréchal de Saxe, à Strasbourg, les stalactites et les stalagmites de Coutances, et autres turpitudes tombées sous le fer destructeur des hochets du fanatisme et du nobilisme. Il n'a oublié que les statues équestres des places Royale, Vendôme, des Victoires, de Louis XV et du Pont-Neuf, que le vandalisme parisien a renversé. » *La Tribune du Peuple* ou *le Défenseur des Droits de l'homme*, par Gracchus Babeuf, 28 frimaire, an III, n° 28, p. 856.

Nous nous arrêterons ici, bien que nous n'ayons montré qu'un coin d'un bien triste tableau. Il nous serait facile de multiplier les citations et les documents, qui fourniraient, hélas ! la matière de plus d'un volume; mais nous pensons que les faits que nous venons d'exposer sont suffisamment instructifs, et qu'ils parlent eux-mêmes d'une manière assez éloquente. Nous ne les avons pas recueillis, du reste, uniquement pour satisfaire la curiosité du lecteur : la morale en est facile à déduire, et dans l'irréparable dispersion de ce merveilleux mobilier de la France, qu'un auteur contemporain estimait à quatorze cents millions, chacun trouvera en même temps un regret pour le passé, une leçon et un enseignement pour l'avenir.

(Extrait de la *Gazette des Beaux-Arts.*)

St Quantin imprimeur
J. S Benoît 7 à Paris

9 782019 220631